To my great DAD

....

super
duper
DAD

GW00503819

10 9 8 7 6 5 4 3 2 1

Published in 2011 by Ebury Press, an imprint of Ebury Publishing
A Random House Group Company

Text © Ged Backland 2011
Illustrations © The Backland Studio 2011

Ged Backland has asserted his right to be identified as the author of this work in
accordance with the Copyright, Designs and Patents Act 1988.

The Random House Group Limited Reg. No. 954009

A CIP catalogue record for this book is available from the British Library.

Printed and bound by Tien Wah Press, Singapore

ISBN: 9780091938222

www.sugalumps.com

THE BACKLAND STUDIO
www.thebacklandstudio.com

We've had some **MAD** days out in the rain where **you** did your **Best** to chase away the **CLOUDS**

3

7

17

Sport mad dad!

SPORT WEEKLY

You can **SPEND** *hours* glued to the same **SPORTS** pages!

19

YOU are **VERY** brave
and fight huge **fires** every summer
with just a very **LONG FORK**.

Fearlessly, you provide us with
BURGERS and
SAUSAGES that are **black** on the
outside and **RAW** on the inside.

21

Cool
Dad!

Rock
and
Roll

29

When I was **small** I **LOOKED** up to you as my **giant** of a **DAD** – and I still do ♥♥

my giant dad!

33

You **mumble** at the *telly* as if the people on the screen **can** HEAR you

35

There's a **picture** of us in your WALLET

(it's where the money used to be)

The
BANK OF DAD
has a
'**super** no **INTEREST**
LEND NOW pay me back wh
you can' **facility**

38

39

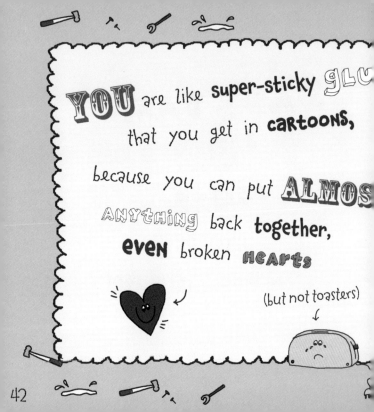

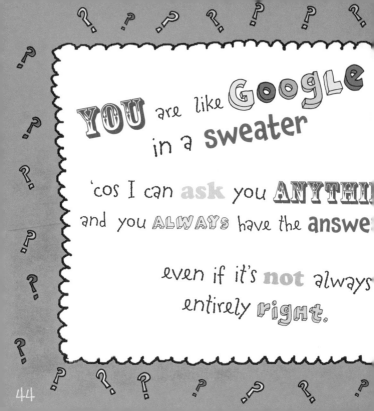

YOU are like **Google** in a **sweater**

'cos I can **ask** you **ANYTHI[NG]**
and you **ALWAYS** have the **answe[r]**

even if it's **not** always
entirely **right**.

44

47

Like YODA,
you are ALWAYS
ready with
some wise words...

51

The **stories** of how **HARD** it was 'when you were young' are a bit **FAR**-fetched

53

But most of all

I really **can** say to everyone

My **DAD** is **better**
than your **DAD**...'

because it's TRUE